AF360314

LES EXORCISMES EN LOZÈRE

EN 1792

LES

EXORCISMES EN LOZÈRE

EN 1792

PAR

Edmond FALGAIROLLE

PARIS

CHAMUEL, ÉDITEUR, 29, RUE DE TRÉVISE

—

1894

On est vraiment étonné de voir, à la fin de notre siècle, essentiellement positif et indépendant, des esprits éminents se livrer aux pratiques magiques et entretenir, dans certains milieux scientifiques, le culte du merveilleux et du mystérieux qui paraissait à jamais disparu. Le matérialisme contemporain, cependant si vivace, n'a pas complètement effacé le « Mystère » qui fascine encore certaines âmes candides. La folie de l'occulte semble renaître des siècles passés et se propager dans notre siècle, avide de vérité et de justice. Les histoires de revenants et de sorciers qui bercèrent notre enfance ; les contes diaboliques, inventés de toutes pièces, pour nous effrayer et nous assagir, deviendraient-ils subitement des réalités ? On serait tenté de le croire en présence de l'apparition des revues et des publications qui, depuis quelques années, traitent des questions de magie, d'occultisme, de sorcellerie et d'envoûtement.

Toutes ces discussions scientifiques et historiques devraient être destinées surtout à détruire la légende diabolique qui eut de si nombreux adeptes dans l'antiquité, au moyen-âge et principalement au dix-septième siècle. Mais combien de lecteurs crédules ajoutent foi aux théories captivantes, aux fascinations, aux aberrations que procurent la connaissance et l'étude de la magie et de la sorcellerie? De la défiance première, du haussement d'épaule initial à la croyance absolue, il n'y a qu'un pas, trop rapidement franchi par les natures faibles et souvent inconscientes qui aiment les horizons nouveaux, les curiosités supposées périmées. Le surnaturel les grandit, les élève, les enchante, les émerveille?

La science qui explique, prouve, anéantit tout ce qui apparaissait jadis comme surnaturel, diabolique, occulte, n'a aucune prise sur elles. Leur imagination supprime leur raison et chez elles aussi le mystère confond la science.

En ce qui nous concerne, nous ne voudrions voir dans ce retour vers les sciences occultes, qu'un mouvement de curiosité, que des constatations purement historiques et non scientifiques, qu'une étude comparée de l'esprit humain à des époques différentes de l'histoire, que l'étalage de moyens habiles, employés par certains faiseurs de miracles, magiciens ou chercheurs de pierres philosophales, pour entretenir et exploiter la crédulité humaine!

Notre but, assurément très modeste, consiste à faire connaître un épisode de cette crédulité, de cet aveuglement intellectuel se déroulant dans un département éloigné du foyer de la civilisation et en pleine Révolution française. Il démontre que la croyance aux sorciers était très vivace dans les montagnes du Gévaudan et que la peur du démon se propageait facilement dans cette contrée, à l'abri du vent révolutionnaire, où les croyances religieuses, poussées jusqu'au fanatisme, restaient encore intactes et vivaces.

Comme la procédure de l'envoûtement, en 1347 (1), le récit des exorcismes, explique suffisamment les tendances des habitants gévaudanais à croire à tout ce qui est surnaturel ou diabolique, à l'occultisme. Les documents que nous publions, aujourd'hui, complètement inédits, sont tirés des riches archives départementales de la Lozère, consultées par nous, avec avidité et profit. C'est encore à l'obligeance de notre ami, M. André, ex-archiviste de ce département, qu'en est due la copie fidèle.

(1) *Un Envoûtement en Gévaudan*, en l'année 1347, par Edmond Falgairolle, Nimes, Catélan, 1892.

EXORCISMES EN LOZÈRE

EN 1792

I

La sorcellerie fut la maladie générale du Moyen-Age et des siècles qui précédèrent la Révolution de 1789. Le pouvoir du diable était considéré comme illimité. Sa présence se révélait partout. On lui attribuait la réussite de tous les événements ; on craignait son intervention ; on redoutait ses arrêts ; on recherchait presque ses faveurs. Sa puissance n'avait plus de bornes et son crédit se plaçait à côté des monarques les plus influents de la terre.

La foi démoniaque anéantissait alors la foi religieuse ; elle aveuglait les crédules, subjugait les croyants et trouvait de fervents adeptes dans tous les rangs de la société, jusque dans les Cours et sur les marches des trônes. Ignorants, lettrés. savants, légistes, magistrats, avocats, médecins, tous étaient fascinés, réduits à l'impuissance, courbant la tête devant le pouvoir diabolique devenu désormais à leurs yeux le directeur et le régulateur du progrès humain.

Sombre tableau, sans doute, mais tableau exact et fidèle des siècles troublés dans lesquels le fanatisme le disputait à la foi religieuse, où la générosité, la grandeur d'âme, le courage, l'héroïsme même rivalisèrent le plus souvent avec la lâcheté, la bassesse, la délation, l'abjection et les tortures. Eloquentes leçons, selon nous, données par la sagesse et la patience des uns, en opposition à l'impatience et à la férocité des autres ! Tristes souvenirs d'un passé à jamais disparu, évoqué comme dans un songe pour la confusion des puissants et la réhabilitation des faibles !

L'Eglise dirige quelque peu ce mouvement démoniaque, dont la marche est accélérée d'ailleurs par des médecins malhonnêtes et coupables, toujours dévoués à sa cause et par des fonctionnaires et agents de toute sorte qui ne craignent pas de mettre complaisamment leur situation sociale et leurs influences à la disposition des moines et des prêtres, sur les ordres desquels question et tortures se mettent en mouvement. Elle opère des miracles, au dire de certains témoins et de quelques historiens ; elle favorise les exorcismes et prétend guérir les exorcisés par des pratiques religieuses.

Beaucoup de gens pactisent alors avec le diable, auquel ils obéissent servilement ; d'autres, au contraire, grâce à l'appui ou au pouvoir des sorciers, se croient possédés et deviennent ses meilleurs instruments de terreur et de réclame. Quelques-uns se donnent volontairement au diable, espèrant, par ce moyen, retirer de sa toute puissance des bienfaits et des faveurs.

Cette névrose est connue dans l'histoire sous le nom de *Démonopathie* ou possession volontaire et involontaire d'individus par le démon. Elle atteint généralement les malades qui languissent dans leur lit de douleur, en proie aux

plus atroces souffrances ; les hystériques, dont les convul-
sions et les contorsions grotesques déroutent toutes les con-
jectures médicales des ignares praticiens devant lesquelles
les épileptiques ne trouvèrent jamais appui et pitié.

L'exorcisme est à la mode ; à la ville, à la campagne, dans
les hameaux, les exorcisés sont légion. On essaie alors de
codifier les règles les plus usitées pour les exorcismes et,
dans ce but, on crée le *rituel des exorcismes* qui signale la
méthode pratique, les moyens employés pour extirper
le démon ou les démons qui se sont introduits dans le corps
humain. Un colloque s'engage entre le prêtre chargé d'exorciser le possédé et le démon qui, par ses réponses, démontre
et révèle sa présence dans le corps de ce dernier. Certains
signes jugés infaillibles par les exorcistes sont ordonnés
par l'Eglise, qui garde, pour elle, le monopole exclusif de ces
pratiques religieuses.

Un légiste, du nom de Bodin (1), et un magistrat appelé
Boguet (2) prêtent l'appui de leur science juridique et leur
bienveillant concours aux exorcismes qui s'opèrent dans la
contrée qu'ils habitent. Ils rendent même des sentences
contre les devins, les magiciens, les possédés et les sorciers.
Ils ne cherchent pas à guérir les malheureux atteints de la
lèpre démoniaque, ils essaient plutôt de tuer le prétendu
mal dans sa racine. Les victimes de leur férocité sont innom-

---

(1) Bodin (Jean), publiciste, né à Angers en 1530. Mort en 1596,
savant et spirituel, député aux Etats de Blois par le Tiers-Etat. Il
est le père de la science politique en France, le chef de l'école consti-
tutionnelle et le précurseur de Montesquieu. Il a écrit un livre savant :
La République, qui eut un grand succès en Europe. Sa grande foi
dans la magie lui fit publier son ouvrage ayant pour titre : *La
Démonomanie*.

(2) Boguet, grand juge de la terre de Saint-Claude, puis conseiller
au Parlement de Dôle, né à Pierrecourt, mort en 1619, a publié un
Discours sur les sorciers.

brables. Des aliénés, des hystériques, subissent la torture
et meurent courageusement sur les bûchers qui flamboient
dans toute la France, au milieu des clameurs des uns et
des imprécations des autres. L'on voit alors se dérouler des
scènes déchirantes, l'on assiste à des spectacles écœurants.
Des femmes, possédées du démon, s'abandonnent au déses-
poir, et de tendres, affectueuses qu'elles étaient, elles deviennent féroces, inhumaines ; quelques-unes mangent
leurs enfants nouveaux-nés, devant la foule rassemblée qui
est impuissante à les apaiser.

L'hallucination, la folie démoniaque étreignent telle-
ment les possédés qu'ils confessent des crimes dont ils ne se
sont pas rendus coupables. On les accuse de tous les méfaits
commis, des empoisonnements des fontaines aussi bien que
des orages, des crimes même imaginaires. L'exorciste par-
vient quelquefois à leur arracher des aveux et les livre ensuite au bourreau. En Espagne, en Allemagne, dans l'Europe entière, les mêmes aberrations, le même fanatisme
engendrent des supplices, suscitent des crimes de tout
genre. D'innombrables victimes succombent, frappées par
les sentences des juges, un grand nombre se pendent, se
jettent dans les puits, se donnent la mort de toute autre
façon, afin de se soustraire à la justice inexorable.

Les preuves abondent quand il s'agit de faire l'historique
des épidémies de folie démoniaque pendant les XVe, XVIe
et XVIIe siècles. Dans son *Histoire du Merveilleux*, Louis
Figuier a donné une nomenclature très complète des prin-
cipales phases de cette *névrose* diabolique que la science
contemporaine a depuis longtemps caractérisée (1). Qu'il suf-
fise de citer les deux grandes épidémies démoniaques, deve-
nues aujourd'hui classiques et connues sous les noms *des*

---

(1) L. Figuier. — *Histoire du merveilleux*, tome Ier, 1860. Hachette,
Paris.

diables de Loudun et *des convulsionnaires Jansénistes*. Le savant
écrivain termine son étude sur les diables de Loudun par
des considérations philosophiques qui méritent d'être rap-
portées : « On commandait ces supercheries préparées par
les ecclésiastiques ou les exorcistes au nom de l'Eglise, qui
avait jugé la possession vraie et dont la gloire était inté-
ressée à ne pas recevoir de démenti. Il s'agissait en effet,
pour les exorcistes de faire apparaître chez les Ursulines,
tous les phénomènes surnaturels qui caractérisent la possession, selon le rituel catholique. Comme cette possession
n'existait pas, il fallait bien en simuler les phénomènes.
Mais quelle maladresse, quel insuccès dans les mensonges !
Autant les grands caractères de l'épidémie convulsive, de la
démonopathie hystérique, de la suggestion par le somnam-
bulisme artificiel paraissent manifestes, éclatant chez les
énergumènes, autant les miracles imaginés pour satisfaire
à la lettre du rituel sont ridiculement exécutés quand ils ne
sont pas manqués tout à fait (1). »

On ne saurait mieux censurer la comédie qui se joua pendant plusieurs années dans le couvent des Ursulines de
Loudun !

M. Frédéric Delacroix, dans une récente publication,
relate tous les documents curieux et instructifs sur la foi
diabolique, la puissance et le gouvernement du diable, le
pouvoir et les agissements des sorciers du dix-septième siècle (2). Son œuvre est une analyse intéressante, curieuse et
instructive des innombrables formes que revêt la *possession*.
L'auteur qui a fait de ces questions son étude de prédi-
lection nous promet d'autres publications non moins capti-

____

(1) Figuier, op. cit., page 256.
(2) Fréderic Delacroix. — *Les procès de sorcellerie*, 1894. Librai-
rie de la « Nouvelle Revue », Paris.

vantes sur les épidémies de sorcellerie au dix-septième siècle et sur la fin des procès de sorcellerie.

Dans l'intérêt des bibliophiles et de ceux que captive l'étude des sciences magiques et occultes, il serait, à notre avis, intéressant de dresser une liste des ouvrages, publications, articles, revues et écrits de toute sorte qui ont paru sur la magie, la sorcellerie, l'envoûtement depuis une vingtaine d'années. Un pareil travail démontrerait que la plupart des écrivains qui s'occupent de ces prétendues sciences sont incités par la curiosité historique et non par la croyance aux questions de magie et de sorcellerie. Leur but consiste, en effet, à signaler les faiblesses de l'esprit et de la raison de leurs devanciers. Comment pourraient-ils, de bonne foi, en ressuscitant les pratiques magiques et les expériences de l'envoûtement, ne pas tenir compte des progrès de l'esprit humain, de la médecine et de la science, en général ignorés ou méconnus autrefois. Le Spiritisme contemporain ne peut avoir qu'un succès de curiosité passagère. Il n'a rien de scientifique, ni de rationnel, et s'il appartient au domaine du merveilleux ou de l'occultisme, il ne saurait entrer dans celui de la réalité.

II

Après les épidémies de sorcellerie des XV°, XVI° et XVII°
siècles on pouvait croire que le dix-huitième siècle se
terminerait sans pratiques exorcistes et sans expériences
magiques. Les esprits, entièrement portés vers les théories
philosophiques des encyclopédistes et entraînés également
par les écrits sensationnels de Voltaire et de Rousseau, ne
devaient pas tarder à se débarasser des tendances démoniaques des siècles précédents et rejeter comme absurdes
les théories ocultes, à la veille de la grande secousse révolutionnaire.

Le plus grand nombre des écrivains, des magistrats qui
s'étaient mêlés au mouvement démoniaque étaient décédés,
et ceux qui survivaient encore commençaient à se lasser
quelque peu et cherchaient par leur libéralisme, à se faire
pardonner les fautes et les crimes que leur aveuglement,
pour la sorcellerie leur avait fait commettre. Un apaisement
général ne tardait pas à se produire partout où la foi démoniaque régnait, naguère, en souveraine maîtresse. Dans les
villes on constatait déjà cet apaisement. Dans les campa-
gnes seules et dans les montagnes se maintenaient encore
les croyances à la sorcellerie et aux exorcismes dont les
pratiques s'accomplissaient en présence des croyants, des
curieux et des indifférents.

Les procès-verbaux dressés sur les pratiques des exorcistes dans la deuxième moitié du dix-huitième siècle ne sont pas si nombreux que l'on pourrait le supposer tout d'abord. Les documents que nous exhumons sur les exorcismes, en Lozère en 1792, sont les seuls et uniques témoins de ces pratiques religieuses et diaboliques. Leur rareté les rend plus intéressants encore et l'époque à laquelle ils se réfèrent indique assez que la plupart des habitants de l'ancien Gévaudan vécurent complètement à l'écart du mouvement émancipateur de l'idée philosophique du dix-huitième siècle et qu'ils conservèrent, avant et pendant la Révolution, toutes leurs croyances, tous leurs préjugés, toutes leurs craintes du démon et leur entière soumission aux prêtres exorcistes. Il s'en trouva cependant, dans certaines communes, qui accueillirent avec enthousiasme, les premières libertés conquises par le peuple de Paris, qui suivirent avec intérêt les progrès du Tiers-Etat et les événements qui se déroulaient tous les jours dans la capitale. Quelques municipalités s'affranchirent tout à fait de l'esprit religieux et de l'influence du clergé, et entrèrent même en lutte avec les communes qui persistaient dans leurs croyances religieuses ; de là survinrent certains conflits, certaines rivalités que le patriotisme et la sagesse des administrateurs parvint à apaiser.

Dans le courant de ce même siècle, les diocèses voisins de celui de Mende possédaient des prêtres qui se livraient à la pratique des exorcismes. Une brochure de laquelle nous extrayons quelques passages suffit à établir la corrélation qui existe entre toutes ces pratiques religieuses qui s'opéraient en Gévaudan, dans l'Auvergne ou dans le Rouergue (1). Partout la même crédulité se rencontre,

---

(1) *Relation des exorcismes opérés sur la personne de Marguerite Boignes, de Cassanhousse, diocèse de St-Flour en 1751,* par

partout aussi le même empressement est déployé par
ceux qui ont quelque intérêt à ce que les exorcismes
subsistent.

M. Piales. — Espalion, imprimerie Goninlaure-Arthaud, 1844,
32 pages.

Cette publication, très rare et fort curieuse, nous a été communiquée par M. André, ex-archiviste de la Lozère. Elle a trait aux exorcismes faits à Rueyre, diocèse de Rodez, à l'occasion de la possession de la demoiselle Boignes, commencés le 7 janvier 1751 et finis le
8 avril de la même année, dans les conditions suivantes, résumées
aussi succintemnt que possible.

Le 28 décembre, en 1750, le sieur Boignes, chirurgien, du lieu de
Cassanhouse, en Auvergne, se rendait à Rueyre, disant qu'il avait
une fille possédée du démon; il ajoutait que pendant ses attaques,
elle entendait des langues inconnues, révélait des choses cachées,
accomplissait des actes au-dessus des forces de la nature. Le 7
janvier, en 1851, le sieur Piales, prieur de Rueyre, nanti du
pouvoir de l'évêque de Rodez, fit sur cette jeune fille plusieurs
exorcismes afin de la délivrer du démon. Le démon manifesta tout
d'abord sa présence, il fit ensuite des grimaces, parla en latin et
après s'être fait prier il déclara s'appeler : diable, démon, satan, Asmodée et être le sixième après Lucifer; il ajouta qu'il était seul dans
le corps de la jeune fille ; que d'ailleurs, il n'y avait pas même assez
d'occupation pour lui. Aux questions qui lui furent posées par l'exorciste, il répondit : Je suis entré dans le corps de cette fille par maléfice,
ajouta qu'il est attaché à des lunettes qui étaient entre les mains de
la sorcière qu'on appelait péché charnel, quoique ce ne soit pas le
véritable; que cette femme avait donné trois coups de main à la possédée sur le côté gauche et que, par le signe, il était entré dans ce
corps et s'était placé dans le même endroit, et qu'il n'en sortirait
que quand cette sorcière le voudrait.

L'exorciste lui pose un grand nombre de questions sur le jour de
son entrée, de sa sortie ; il répond à toutes, avec précision et rapidement.

L'exorcisée, retenue par des hommes puissants, faisait des efforts
pour se lever et, sans toucher terre, elle transporta en l'air plusieurs
personnes d'un côté de l'église à l'autre, à plusieurs reprises, elle
s'étendait sur le pavé de l'église, et tournant, elle faisait tourner

2

autour d'elle plusieurs hommes qui la retenaient avec violence ; la tête
ensanglantée ne portait ensuite aucune cicatrice, ni contusion. Elle
rendait le sang par la bouche, pendant trois semaines les attaques
qu'elle avait l'empêchèrent de dormir et de se mettre au lit. Lorsqu'elle était au lit, le démon la tourmentait, la retenait dans ses con-
vulsions horribles, elle se donnait des coups de tête contre une cloison
et, les coups étaient si violents que la chambre de l'étage supérieur
en était secouée.

L'exorciste donne des preuves de la possession, fait le récit détaillé
des exorcismes et déclare que le démon est sorti du corps de cette
jeune fille; il espère qu'il n'y reparaitra pas et que celle-ci délivrée
à tout jamais de lui a rejoint son père à Cassanhousse.

III

RELATION

DES EXORCISMES OPÉRÉS SUR LA PERSONNE DE JULIE CLAVEL PAR
GROUSSET, CURÉ D'ESTABLES, LES 12, 13, 14 MARS 1792

Fait arrivé au village de la Rouvière, paroisse de St-Bonnet, canton de Chirac, district de Marvejols, rapporté fidèlement par un patriote, qui dans ce moment ne veut pas que son nom paraisse (1).

« Le nommé Grousset, frère du curé d'Estables, avait dans sa maison une fille originaire d'Estables (2), être possédée par des démons. Le bruit se répendit dans tous les environs qu'on devait l'exorciser. En effet, on le fit le 12-13 du présent mois de mars, et le 14 on devait l'exorciser encore pour en chasser le dernier, nommé Beelzébut, prince des démons. La curiosité y apporta au moins deux cents personnes ; ne pouvant pas entrer dans l'appartement à cause de la foule, où était cette fille, la

---

(1) Ce document se trouve dans un procès-verbal manuscrit, relatif aux troubles qui eurent lieu, à Mende, en 1792. (Manuscrit : Fonds des documents relatifs à la Révolution en Lozère.)

(2) Estables, 621 h. C. de St-Amans, au pied des monts de la Margeride et St-Bonnet de Chirac, actuellement canton de Marvejols.

Chirac, autrefois chef-lieu de canton, appartient aujourd'hui au canton de St-Germain-du-Teil.

sœur de Grousset, maître de la maison et dudit curé, vint à la porte dire que s'il y avait quelqu'un dans la compagnie qui fut capable de donner à cette fille d'autres démons, n'avait qu'à se retirer, et que s'il ne le fesait, le diable les découvrirait, et que cela serait un affront pour cette personne Un instant après, Grousset, maître de la maison, vint en dire tout autant à cette troupe assemblée ; ce qui indigna beaucoup de gens.

Environ demi-heure après, le sieur Grousset, curé d'Estables(1), arrive en portant le St-Sacrement, accompagné du sieur Boudet, prêtre du Monastier, et d'une foule de monde par curiosité ou par dévotion. La fille était endormie. Le dit Grousset, prêtre, demanda combien de temps il y avait qu'elle dormait, ses frères et sœurs lui dirent à haute voix qu'il y avait environ une heure et demie ; et ne pouvant l'éveiller, après avoir fait les cérémonies ordinaires qu'on fait à un malade, en portant le St-Sacrement qui sont la bénédiction du St-Sacrement, et l'aspersion, il l'appela ; commanda au peuple de prier Dieu ; c'est ce qu'on fit en disant les Litanies des Saints, de la Vierge et du saint nom de Jésus, le *Miserere mei*, le chapelet et autres prières. Dans ce temps là,

---

(1) Jean-François Grousset, naquit à la Rouvière, commune de St-Bonnet, arrondissement de Marvejols (Lozère), le 10 octobre 1750. En 1786, il fut nommé curé d'Estables; le 4 février 1791, la municipalité lui ayant demandé de prêter le serment à la constitution civile du clergé, il réclama un sursis de huit jours; le 13 février suivant il promit d'exécuter ce qu'on lui commandait et fit, à cette occasion, un petit discours plein de *patriotisme éclairé, prudent et chrétien* (Procès-verbal de cette prestation de serment) ; quelques jours après il fit quelques réserves à cette prestation de serment, et le 13 juin 1791, il refusa de lire à l'église la première lettre pastorale de Berthier, évêque constitutionnel de Rodez, motivant son refus sur ce qu'étant du diocèse de Mende, l'évêque de l'Aveyron n'avait aucun pouvoir sur lui. — Le 28 septembre 1792, il demanda et obtint de la municipalité de St-Laurent, un passe-port pour l'Espagne. — Le 1er avril 1794, on vendit la cure d'Estables trente livres en seigle. — Le 18 octobre 1804, M. Grousset était encore curé d'Estables: il devint professeur de morale, vicaire général honoraire, et mourut le 28 mars 1835.

le curé frotta le visage de la fille avec d'eau de senteur, lui souffla sur le visage, et cela pendant un gros quart d'heure ; et voyant qu'elle ne s'éveillait point, le curé lui dit : *Impero tibi serpens ut relinquas hanc filiam.* Sur ces paroles, cette fille s'éveille comme en furie, et lui dit : Il m'en coûte trop de la laisser, car il y a une heure trois quarts que suis attaché sur son cœur, croyant de la faire mourir ; c'est ce que je n'ai pu faire et je la tourmenterai encore plus avant d'en sortir.

Le prêtre lui demande combien il y avait de démons dans le corps de cette fille. La fille répond pour le démon : Il n'y en a qu'un.

D. Comment t'appelles-tu ?

R. La fille. — Belzébut, prince des démons.

D. Le prêtre. — Depuis quand y es-tu ?

R. La fille. — Depuis mercredi dernier.

D. Le prêtre. — Comment et de quelle manière y es-tu entré ?

R. La fille. — Par un mouvement du pied droit.

D. Le prêtre. — Et où était cette fille quand tu es entré ?

R. La fille. — Elle se promenait dans la maison de ton frère, avec ta sœur ; on la vit par la porte et par le signe du pied, l'on m'y envoya.

D. La fille. — Veux-tu F.. (1) que je te dise le nom de ces personnes ?

R. Le prêtre. — Non ! je te le défends.

D. Le prêtre. — Il faut que je confesse cette fille ; par conséquent, mes frères et sœurs, mettez-vous en prières pour fléchir le bras de Dieu, afin que le démon ne la tourmente pas durant sa confession. C'est ce qu'on exécute, et le prêtre se met en devoir pour la confesser.

Vers le milieu de la confession, la fille, comme en furie, prit le prêtre au travers du corps comme pour le tomber, en jurant et disant F... Grousset, F... Nègre, je ne veux point confesser de toi. Je veux le faire de Tardieu.

D. Je te commande, serpent, de laisser confesser cette fille.

----

(1) Juron proféré par les gens de la campagne.

R. La fille. — Il m'en coûte trop ! Renonce à la foi, de même que tous ceux qui sont ici présents ; prête le serment ; pour lors je te la laisserai.

D. Le prêtre met l'étole autour du cou de la fille et commande au démon de la laisser.

R. La fille fut tranquille et finit sa confession.

Le peuple redoubla ses prières en répondant à la sœur du curé qui les faisait hautement.

La confession finie, le curé voulait lui donner l'absolution. La fille plus en furie que jamais, F... je ne veux pas la tienne F... J... F... de Grousset, F... Nègre. Je veux celle de Tardieu, en se désespérant et en voulant s'enfuir. Mais Grousset, maître de la maison, la tenait par derrière le fauteuil, l'abbé Boudet par le bras gauche, la sœur par le bras droit, et deux femmes lui tenaient les jambes.

D. Le prêtre — Crois-tu que Jésus-Christ soit réellement présent en corps et en âme à la sainte hostie !

R. La fille gronde comme un chien.

D. Le prêtre. — Je te commande, au nom de Jésus de Nazareth de dire s'il y est réellement présent.

R. La fille. — En doutes-tu F. Grousset, F. J. F. de Nègre ?

D. Le prêtre, — Rends donc gloire, honneur et salut à Notre-Seigneur.

R. La fille fait une inclination de la tête.

D. Le prêtre profère le mot *contremisce.*

R. La fille tremble de tous ses membres.

D. *Impero tibi serpens in nomine Jésus Nazarenus ut relinquas hanc filiam.*

R. La fille fut tranquille et fit avec dévotion le récit de la communion.

D. Le prêtre après avoir fait les cérémonies ordinaires apporte la sainte communion à la fille.

R. La fille recommence ses folies, toujours tenue par les mêmes et de la même manière que dessus, en disant; Je veux celle de Tardieu. F. renonce à la foi, de même que tous les autres présents, et tu n'aurais pas de pouvoir si je n'avais pas bien placé la première pierre.

D. Le prêtre fait appuyer la sainte hostie sur la bouche de la fille.

R. La fille la reçut fort tranquillement.

D. Le prêtre lui apporte dans un verre l'eau où il avait lavé ses doigts.

R. La fille recommence en disant et répétant les mêmes choses.

D. Le prêtre. — Je te recommande au nom de Jésus de Nazareth de laisser cette fille.

R. La fille gronde comme un chien et dit : il m'en coûte trop F...

D. Le prêtre. — Je te le commande.

R. La fille boit l'eau.

D. Le prêtre dit à la fille de lui faire dire les actes après la communion.

R. La fille perd la parole.

Le prêtre Boudet dit pour lors au curé de venir les lui faire dire.

La fille. — Encore toi F J. F. Boudet du Monastier, tu viendras donner des conseils ! Le prêtre vint mettre sa main droite sur le gosier et la gauche sur la tête de la fille.

La fille dit alors d'un ton fort modeste les actes après la communion.

Le prêtre. — Vous voyez mes frères que le bon Dieu est plus puissant que le diable, et que dès que la sainte hostie a touché sa bouche, qu'elle n'a point fait de résistence et qu'elle a été tout de suite tranquille.

Le prêtre finit pour lors toutes les cérémonies qu'on a coutume de faire en apportant le bon Dieu à un malade.

Le prêtre prenant le rituel dit aux assistants que ce n'était pas le tout, qu'il fallait pour chasser ce démon, faire l'exorcisme, prend de l'eau bénite, en jette sur la fille en faisant ces prières.

La fille lui dit qu'il garde sa tisane qui la brûlait F. J. F. de Grousset.

Le prêtre lui met l'étole derrière la tête et la fait venir sur la poitrine.

La fille. — Tire-moi cette corde qui me brûle F. J. F. de

Grousset, et, en se débattant contre ceux qui la tenaient, disait : quitte ta foi, prête le serment et je laisserai cette fille tranquille.

Le prêtre. — Combien y a-t-il de démons dans le corps de cette fille ?

La fille. — Il n'y en a qu'un.

Le prê're. — Comment l'appelles-tu ?

La fille. — Belzebut prince des démons.

Le prêtre. — Entends-tu le latin ?

La fille. — Non.

Le prêtre. — Sais-tu s'il en viendra d'autres dans le corps de cette jeune fille ?

La fille. — Non ! je ne le sais pas F. J. F. de Grousset.

Le prêtre· — Où iras-tu ?

La fille, — Je n'en sais rien.

Le prêtre. — Iras-tu dans le corps de ceux qui sont présents

La fille. — Non ! je n'ai point ce pouvoir.

La fille. — Je n'en sais rien, car je n'ai point de destination.

Le prêtre continue pour lors l'exorcisme.

La fille se débattait contre ceux qui la tenaient, en disant au prêtre : quitte la foi, de même que les assistants, et prête le serment F. J. F. de Grousset, et je laisserai cette fille.

Le prêtre ayant interrompu son exorcisme, sa sœur lui dit de lui demander quand est-ce qu'il sortira et quelle marque il donnera.

Le prêtre. — Quand est-ce que tu sortiras ?

La fille. — Je ne veux pas sortir F. J. F., etc. Tires moi ces cordes, la tisane qui me brûle de même que ce verre.

Boudet, prêtre, tenait la relique de sainte Teile de côté et à la bouche de cette fille.

Le prêtre. — Je te recommande au nom de Jésus de Nazaret, de me dire quand est-ce que tu sortiras et à quelle heure.

La fille. — Donne-moi une heure F. J. F. de Grousset, et veux-tu que je fasse un miracle, que je fasse monter tous les assistants jusqu'au plancher, de même que la fille.

Le Prêtre. — Non ! tu n'as pas ce pouvoir, et je ne te donne pas un quart d'heure pour sortir. Il continue à faire son exorcisme en disant les Litanies. Quand il fut au nom *Sancte Antoni,* le peuple répondit: *Ora pro nobis,* de même qu'au nom d'une sainte que le prêtre répéta deux fois.

La fille, toujours en se débattant, grondait à chaque nom de saint ou sainte que le prêtre invoquait; faisant des contorsions principalement sur ses deux noms ; disant que ce n'était pas la foi de la fille qui le faisait sortir ; disant qu'il l'avai plus tourmentée que Job.

Le prêtre continua toujours son exorcisme.

La fille. — F. J. F. de Grousset veux-tu que je fasse un miracle; que je monte la moitié de l'assemblée jusqu'au plancher?

Le prêtre. — Non! tu n'as pas ce pouvoir, et continue son exorcisme. Quand il fut au mot *contremisce,* qu'il avait lu couramment, il répéta ledit mot *contremisce.*

La fille trembla de tous ses membres et jurant, pestant, grondant.

Le prêtre finissait l'exorcisme.

La fille lui dit d'un ton de colère : puisqu'il faut que je sorte, laisse-moi libre, pour que je puisse faire le même mouvement que l'on a fait quand je suis entré, ce qu'elle fit effectivement et resta tranquille.

Le prêtre. — Quelle marque donneras-tu à ta sortie ?

La fille gronde et ne dit rien.

Le prêtre. — Je te le commande au nom, etc.

La fille. — Par le même signe que je suis entré.

Le prêtre. — De quel pied?

La fille. — Du pied droit,

Le prêtre dit pour lors aux assistants, que le bon Dieu était plus puissant que les démons ; qu'il avait travaillé toute la nuit, assisté de Boudet, pour en faire sortia 4,000 du corps de cette fille.

Boudet dit qu'il y en avait fait sortir dix légions; composées de 2,000 chacune.

Le prêtre dit qu'un des jours passés, les magiciens avaient roulé autour de la maison, et que même ils avaient hurlé à la porte de la maison de son frère.

La sœur dit à son frère, que la fille lairait aux assistants une petite morale; ce qu'elle fit, et demanda de changer de chemise. »

BANCILHON, *commissaire*. — DUGOIS, *secrétaire*.

IV

Ces exorcismes eurent un grand retentissement en Lozère et dans les départements voisins. Le Procureur de la commune de St-Laurent-de-Rive-d'Olt, en présence des rassemblements tumultueux, auxquels, ils donnaient lieu, fit infliger par le conseil général de la commune, un avertissement verbal au curé d'Estables qui n'en tint aucun compte et qui continua. comme auparavant, ses pratiques exorcistes sur la jeune Julie Clavel.

L'autorité locale ne méconnaisait pas en principe la valeur des exorcismes, mais elle voulait avant tout réprimer les abus en pareille matière. Elle désirait obtenir, sur cette fille, des preuves certaines, des marques portées au rituel des exorcismes et, à ses yeux, le curé Grousset confondait les fous et les malades avec les possédés.

Ce dernier expliqua longuement sa conduite devant le conseil assemblé et se justifia du mieux qu'il put contre l'accusation multiple qui pesait sur lui. Son système de défense ne satisfit pas la municipalité qui, par l'organe de son procureur, demanda son renvoi devant la police correctionnelle pour les propos qu'il avait tenus, lors de son premier exorcisme.

Le ministre de la justice Duranthon auquel ce différend fut soumis, se contenta de répondre par une lettre, remarquable par sa science juridique et par ses considérations philosophiques. Ce document officiel mit fin aux pratiques exorcistes du curé Grousset et aux réclamations de la municipalité de St-Laurent-de-Rive-d'Olt.

V

Extrait des registres de la Commune de Saint Laurent-de-Rive-d'Olt (Aveyron).

« L'an 1792 et le 3 avril, le conseil général de la commune assemblé, a comparu Louis Reversat, procureur de la Commune, qui a dit qu'il demeure informé que M. Grousset, curé d'Establcs, au mépris de l'avertissement, qui lui fut fait verbalement, par le dit Conseil assemblé à la réquisition de lui, dit M. Grousset, le 29 mars dernier, de ne plus s'aviser de faire des exorcismes sur certaines personnes, qui se disent possédées du démon, à moins qu'il ne soit constaté par des preuves certaines que ces personnes sont véritablement possédées, attendu que la dite assemblée ne reconnut dans la personne de Julie Clavel qu'il disait possédée, aucune des preuves alléguées dit M. Grousset, qu'il s'avisa, lorsque ladite municipalité se fut retirée, de recommencer l'exorcisme, sur la même personne, quoique elle n'eût donné aucune marque de possession, et profitant de la crédulité de ses paroissiens et de plusieurs autres, il leur insinua que, si la possédée n'avait pas donné les marques portées par le rituel qu'elle était possédée, c'est parce qu'il y avait des démocrates de St-Laurent, et de ceux qui donnent ces sortes de maladie, qui empêchaient l'effet de l'exorcisme. Et attendu que toutes ces manœuvres troublent l'ordre public, et qu'on n'a imaginé de pareilles folies que *pour rendre ridicules les curés constitutionnels* et affaiblir la confiance que le public pourrait avoir en eux et en ceux de leur opinion ; ce qui le

prouve, c'est qu'on fait tenir des langages à ces prétendues possédées, qui attaquent personnellement le curé de St-Laurent
auxquelles on fait dire que ce curé est un intrus, hors l'église
et qu'il a renoncé au pape, desquels discours ledit curé (Grousset) et son vicaire prirent occasion de dire aux spectateurs (sic)
qu'ils pouvaient voir par là si ce qu'ils leur avaient si souvent
dit à l'égard du dit curé n'était pas véritablement certain, et
s'il n'était pas vrai que le dit curé fût un intrus ; — qu'il demeure aussi informé que le dit curé défend à ses paroissiens
d'avoir aucun commerce avec les démocrates sous peine d'être dam-
nés et excommuniés, et parce que les démocrates sont ceux qui
donnent le diable, et que l'expérience nous prouve la vérité de
toutes ces manœuvres, puisqu'on ne voit plus la même affinité
qui régnait ci-devant entre les deux paroisses, que toute espèce
de commerce en est interrompu, que la discorde et la division
augmentent journellement, mêmes dans les familles, qu'on n'a
vu aucun de ceux qui ont confiance au dit curé d'Estables, qui
se soit présenté pour prendre l'inscription, et pour s'inscrire
sur le régistre des gardes nationales, qu'au contraire, lorsqu'ils
en sont requis ils répondent qu'ils ne veulent pas mêler avec les
démocrates et ont été au contraire, au mépris des lois, se faire
inscrire dans le canton de la Canourgue, par la raison que
*la plus grande partie des habitants de ce pays sont des réfrac-
taires, et n'exigent pas le serment civique,* que doivent prêter
les citoyens actifs; enfin qu'on ne peut pas douter que ledit
M. Grousset ait monté d'une telle manière l'imagination de ses
paroissiens et des autres, que plusieurs personnes en ont tourné
la tête et font les possédées prétendues, qui se font exorciser
aujourd'huy. C'est pourquoi il requiert que l'assemblée soit tenue de prendre des mesures convenables, pour arrêter les progrès de pareilles manœuvres, qu'extrait du verbal à la séance
du 29 mars dernier et de la présente délibération seront envoyés
au Directoire du district, autre extrait au directoire du département, et autre extrait à l'assemblée nationale. Signé,
Reversat, proc'. de la commune. — Surquoi, l'assemblée ayant
délibéré, il a été arrêté, qu'avant toute œuvre ledit M. Grousset
sera mandé venir pour répondre à l'exposé ci-dessus. Ce

qu'ayant été fait, a comparu le dit M. Groussel, qui a dit qu'il y
a dans l'exposé du procureur de la commune plusieurs raisons
auxquelles il offre de répondre par écrit, attendu que ses occu-
pations d'aujourd'hui ne lui permettent pas d'y répondre présen-
tement et qu'il offre de se rendre demain pour porter sa réponse. A quoi l'assemblée ayant adhéré de Vidal, maire, Galonié, offic. m., Sales, offi. m., Nogaret, offic. m., Bonbernat, Panafieu, offi. m., Maury, Noyrigat, notables, Barnier, Grousset,
curé, Deliane, secrétaire ».

VI

« Le mercredi, 4 avril, le Conseil est assemblé à la réquisition
de M. Grousset. Ledit M. Grousset, prenant la parole, a dit :

« Messieurs, il est vrai que M. le Greffier, de la commune et
M. Noyrigat, notable, m'avertirent, le 29 mars dernier, de ne plus
faire d'exorcisme, jusqu'à ce que les personnes qui se croi-
raient possédées, eussent données des marques certaines de possession. En présence de la municipalité, à cela je réponds :

1° Que cet avis n'est pas censé être celui de la municipalité ;

2° La municipalité n'est pas compétente pour me défendre
d'exercer les fonctions de mon ministère, avant mon rempla-
cement ;

3° Il n'y a aucun décret de l'Assemblée nationale qui défende
de faire des exorcismes.

4° Les exorcismes que j'ai faits n'ont été publiés que, dans
deux occasions, la première, ce ne fut que par hasard et contre
ma volonté; personne n'ignore ici que cela se fit à l'heure de
midi, où il n'y a ordinairement personne dans l'église, et que,
quand je m'aperçus que le monde entrait en foule, j'eus soin de
discontinuer l'exorcisme, et de me retirer dans ma chambre avec
la malade. La seconde fois qu'ils ont été publiés, ce n'a été
qu'a la réquisition de la Municipalité, et qu'ayant vu encore
cette fois qu'il s'était rendu trop de monde à l'église, en conséquence le démon m'opposait plus de résistance, j'ai encore dis-
continué l'exorcisme et pris la résolution de n'en plus faire en
public, pour me conformer en cela aux règles prescrites par le
Rituel.

5° Après que la municipalité se fut retirée, les assistants se retirèrent aussi et au lieu de recommencer l'exorcisme, comme on le prétend, je fus prendre mon repas, et que si j'ai fait encore des exorcismes sur cette personne ce n'a été que dans ma chambre à l'insu de tout le public, ce qui ne peut en conséquence avoir troublé l'ordre public en aucune manière.

6° Les marques de possession que donna la personne exorcisée, le 29 mars, qui ont paru suspectes à la municipalité, sont pour moi très certaines, en conséquence j'ai cru devoir refuser de signer le procès-verbal, la première personne exorcisée donna des marques encore plus certaines de sa possession par l'intelligence de la langue latine, ses forces extraordinaires, et la guérison subite d'une paralysie et autres maladies qui l'avaient détenue dans son lit l'espace de trois ans et huit mois, et qui avaient paru incurables à plusieurs médecins, dont j'espère obtenir, s'il le faut, une attestation.

7° Il est vrai que j'ai dit publiquement qu'il y avait trop de monde à l'exorcisme du 29 mars, comme je l'ai avoué ci-dessus mais personne ne pourra dire de bonne foi que je distinguai les personnes démocrates, ni aristocrates, j'ajoutai même que ceux qui donnaient ces sortes de maladies, ne savaient pas le mal qu'ils faisaient et étaient sujets à la restitution.

8° Certains démons ont dit être envoyés par des aristocrates, d'autres par des démocrates que je leur ai défendu de nommer ; et si je l'ai répété après eux, j'ai eu soin de prévenir les personnes de ne point s'en tenir à ce que disaient ces esprits malins que nous devons regarder comme le père du mensonge ; et lorsque le démon dit qu'il se trouvait, lors de l'exorcisme du 29 mars, des personnes qui donnaient ces sortes de maladies, je lui défendis de les nommer, premièrement pour ne pas blesser la charité, secondement pour ne pas faire accuser des innocents par cet esprit mensonger.

9° La guérison des personnes dont il s'agit, a touché bien des personnes, mais on ne peut dire qu'elles aient troublé l'ordre public.

10° Le seul motif de charité m'a fait entreprendre la guérison des personnes dont il s'agit, et si le démon demanda que la personne possédée reçût l'absolution d'un prêtre constitutionnel, ce ne fut point à mon instigation, je méprisai longtemps ses demandes, mais à la sollicitation de certaines personnes je lui demandai pourquoi est-ce qu'il voulait cette absolution, et alors le démon répondit que celui-là n'avait pas le pouvoir de le sortir, parce qu'il avait renoncé à la foi et s'était séparé de l'église, le démon persistant encore, je lui imposai silence.

11° Il est notoirement faux et la renommée publique n'a jamais prouvé que j'aie défendu à mes paroissiens aucun commerce avec les démocrates ; j'ai dit au contraire, soit en chaire, soit en particulier, que la différence des religions n'empêchait pas le commerce quant aux temporels ; j'ai dit plus haut que, si le démon avait accusé des démocrates, il avait aussi accusé des aristocrates, et que j'avais observé à plusieurs personnes, qu'on ne devait ajouter aucune foi à ce que disait cet esprit de mensonge. J'ai eu même soin d'exhorter mes paroissiens à regarder ces maladies comme venant de Dieu et à avoir recours à la prière et aux sacrements ; c'est un fait de notoriété publique.

12° On sait que, depuis plus de dix ans, la paroisse d'Estables a demandé a être séparée de la commune de St-Laurent ; on sait qu'elle a réitéré sa demande au commencement des troubles actuels, avant même la nouvelle constitution du clergé ; on sait que depuis un temps immémorial ces deux paroisses ont entr'elles des discussions, et on m'accuse d'avoir rompu l'affinité entre ces deux paroisses, moi qui ne suis curé que depuis six ans. Mes paroissiens font leurs emplettes à St-Laurent, je les y fait moi-même, et l'on ne pourra refuser de reconnaître que ma paroisse est celle des paroisses voisines qui a le moins déserté St-Laurent, la plus grande tranquillité a régné jusqu'ici parmi mes paroissiens, et si la discorde règne dans certaines familles de la paroisse de St-Laurent, on ne pourra pas se dissimuler que ceux qui fréquentent mon église, ne sont pas les agresseurs ou qu'ils le font contre mes exhortations, puisque je ne cesse de leur prêcher la souffrance et la paix ; c'est un fait trop connu pour en disconvenir.

13° Je crois possédées du démon les personnes dont on dit que j'ai fasciné l'imagination et troublé le cerveau, et le nombre de ces malades est déjà assez multiplié. Mais il y a un moyen de découvrir de quel côté se trouve l'erreur. C'est d'appeler quelques médecins instruits, pour leur faire vérifier les malades ; s'ils ne se reconnaissent que du naturel dans ces maladies et qu'ils trouvent dans la ressource de leur art de quoi y apporter du remède, j'avouerai volontiers que je ne dois point lés exorciser, mais, si au contraire il est décidé par eux que la maladie est surnaturelle et hors de la portée de la médecine, il serait bien affligeant, messieurs, qu'il ne fût pas permis à un pasteur de prier même en secret pour les brebis qui lui sont confiées et qu'il voit accablées d'infirmités. J'ose me flatter, messieurs, que votre sollicitude paternelle ne vous permettra pas de négliger d'user d'un moyen si aisé et si nécessaire en ces circonstances.

Voilà, je pense, les véritables mesures que M. le procureur de la Commune a droit d'attendre de vous.

14° Vous avez été mal informés, messieurs, si l'on vous a dit que j'ai conseillé à mes paroissiens de se faire inscrire sur la liste des citoyens actifs du canton de la Canourgue, ou que je leur ai défendu de se faire inscrire sur celle de Saint-Laurent ; je leur ai, au contraire, demandé que la séparation d'avec Saint-Laurent, demandée à l'Assemblée nationale, n'étant pas effectuée, ils seraient toujours obligés provisoirement, de répondre au canton de Saint-Laurent.

15° Quant à la protestation du serment civique et aux qualifications de schismatique et d'intrus, touchant les curés constitutionnels, on ne pourra avancer que j'en ai parlé publiquement, et si quelqu'un m'a consulté là dessus, comme directeur, personne sur la terre n'a droit de m'interroger là-dessus, et je ne puis ni ne dois dire ce que j'ai décidé.

16° Qu'à l'égard de ce qu'on dit que lors du premier exorcisme, le démon demandait le Curé de Saint-Laurent, en disant qu'il avait renoncé à la foi et au Pape. Je pris occasion ou mon vicaire, de faire observer aux spectateurs si ce que nous leur avions dit auparavant de ce curé, si ce n'était vrai. Je puis attester à-dessus, que j'imposai silence, au contraire, au démon, et ne puis me rappeler ce que dit mon vicaire là dessus. »

Et a signé de ce requis, Grousset, curé.

VII

A quoi le procureur de la Commune a répliqué ?

1° « Que c'est mal à propos que M. le Curé d'Estables ne crut pas, lorsque le greffier et M. Noyrigat lui dirent de ne plus faire des exorcismes sans avoir des preuves plus certaines d'obsession ce fût l'avis de la municipalité. Les greffiers en ont admis les organes, d'ailleurs ils le lui dirent de la part du conseil, qui y acquiesça. — 2° Par cet avertissement la municipalité n'a pas entendu défendre d'exercer les fonctions du ministère ; elle demandait des preuves certaines de possession, elle exigeait que le dit curé fît son devoir et ne confondît pas des gens fous ou malades avec des possédés. — 3° L'assemblée n'a jamais voulu empêcher les exorcismes, mais empêcher que la manifestation des opinions ne troublât l'ordre public. La personne exorcisée le 29 mars ne donna aucune preuve de posession, ni même la première exorcisée ; il est faux qu'elle entendit le latin, comme il l'avance, les personnes ont ou doivent avoir les mêmes maladies, puisque depuis les exorcismes ils ont eu soin de les tenir cachées, pour n'avoir pas la douleur de se voir confondus. — 4° On ne peut douter que ces exorcismes n'aient été faits publiquements, il y avait des gens de la Canourgue (1), de Saint-Gervais (2), de Trélans (3), de Saint-Pierre (4) et autres endroits.

----

(1) *La Canourgue*, : 2.015 h. chef-lieu de canton de l'arrondissement de Marvejols.

(2) *St-Germain du Teil* : 1.423 h. — id. —

(3) *Trélans* : 392 h. Commune de St-Germain du Teil

(4) *St-Pierre de Nogaret* : 698 h. — id. —

On peut prouver que, lors du premier exorcisme, lorsque le dit
M. Grousset fut requis de demander à la possédée pourquoi elle
demandait le curé constitutionnel, et qu'elle répondit parce
qu'il avait répondu à la foi et à l'église, le vicaire d'Estables dit
aux spectateurs, même avant que cette fille parlât, (ce qui prouve
que c'était une réponse préparée); Ecoutez ce qu'elle dit, voyez
à présent si nous avons raison, bien plus, certaines personnes
ayant fait semblant d'en douter, le vicaire leur. dit : Quoi ! vous
en doutiez encore, avancez, venez l'entendre mieux, et demandait à faire répéter à la possédée etc. 5° Que le dit curé se con-
tredit, lorsqu'il dit qu'il porte ses paroissiens à croire que ces
maladies viennent de Dieu, puisque le 29 mars, en présence et à
l'ouie du Conseil, il dit que ce qui donnaient ces maladies ne
savaient pas le mal qu'ils faisaient. — 6° Quoiqu'il en dise, il
n'y a que ses propos et sa manière d'agir qui troublent l'ordre
et les esprits, puisqu'il n'y a que ceux qui le fréquentent qui
font de pareilles folies, que les autres sont fort tranquilles, il
est lui-même parconséquent l'auteur de la discorde et de la division qui règne entre les deux paroisses, et qui n'était pas
de temps immémorial comme il l'avance, puis qu'auparavant les
paroissiens assistaient exactement aux appelées de la municipalité, y occupaient des charges, et que depuis cette diversité d'opinions, on n'y en a vu aucun. C'est pourquoi il requit qu'il soit
statué sur son premier dire, auquel il persiste, et deplus, que le
vicaire d'Estables soit dénoncé à la police correctionnelle
pour les propos, lors du prémier exorcisme. »

Reversat, proc. de la Comm.

L'assemblée arrête qu'il sera envoyé trois extraits de la présente délibération, l'un au district de Sévérac, l'autre au Directoire de Rodez, et le troisième à l'assemblée nationale.

Vidal, maire, Sales, off. mun., Galonié, off. m., Panafieu, off.
m., Nogaret, off. m., Bastide, notable, Noyrigat, notable, Maury
Cabassut, Bonbernat, Barnier, Salinhac. Déliane, secrétaire.

VIII

LETTRE DU MINISTRE DE LA JUSTICE (1)

« J'ai pris connaissance, Monsieur, de la procédure que vous avés commencée, relativement aux exorcismes entrepris dans une maison particulière par Jean François Grousset, curé d'Estables, et je n'y trouve aucun indice qui puisse ranger les faits qui vous ont été dénoncés au rang des délits qui emportent peine afflictive ou infamante. Les exorcismes, ainsi que toutes les cérémonies autorisées ou adoptées dans un sistème religieux quelconque, ne pourraient être poursuivies au nom de la loi, qu'autant qu'ils auraient donné lieu à des troubles publics ou à des dommages particuliers, dont la réparation serait réclamée par une partie civile, et dans cette circonstance, il n'y a ni plaintes privées, ni clameurs publiques. Rien enfin dont la vigilance la plus inquiète puisse s'allarmer. Ce qui se trouve peut-être de vraiment affligeant aux yeux de la philosophie c'est que dans un siècle marqué par les progrès des lumières, il se rencontre encore des imaginations frappées par les étranges

---

(1) No're travail était à l'impression lorsque l'*Essai sur l'histoire de la Révolution en Lozère,* par M. Louis André, 1894, Guerrier, Marvejols, a été mis en vente. Cette publication contient la lettre de Duranthon, que nous reproduisons ici.

faiblesses que constate votre rapport ; mais vous sentés, Monsieur, que ce n'est que de l'autorité de la raison qu'il faut attendre la guérison des maladies de toute espèce qui attaquent l'esprit humain. »

Le Ministre de la justice,
Duranthon (2).

Paris, ce 18 mai 1892, l'an 4 de la liberté.

---

(2) Duranthon, homme politique français né à Massidon, en 1736, éxécuté le 20 décembre 1773, avocat à Bordeaux, procureur syndic de la Gironde, ministre de la justice du 13 avril au 3 juillet 1892.

Montpellier. — Imprimerie Méridionale, rue du Grand-Saint-Jean, 6

DU MÊME AUTEUR

De l'enseignement du droit chez les Romains avant Justinien, discours prononcé à la séance solennelle de rentrée de la conférence Portalis.

In-8°, 1883, Aix, Veuve Remondet-Aubin. (*Epuisé*).

La Mosaïque d'Admète, découverte à Nimes, le 20 décembre 1883, avec gravure.

In-8°, 1883, Tours, Paul Bousrez. (*Epuisé*).

Montcalm devant la postérité, étude historique.

In-8°, 1886, Paris Challamel aîné. — Prix..... 2 fr. »

Lettres inédites du chancelier d'Aguesseau et de son fils le Conseiller, touchant un projet de substitutions.

Paris, Larose et Forcel, in-8° 1887. — Prix.... 1 fr. »

De l'éducation nationale ; sujet traité à la réunion de la bibliothèque populaire communale de Vauvert.

In-8°, Largentière, Delhorme, 1890.

Notes et souvenirs de Paris.

In-12, Henry Michel, Nimes, 1892. (*Ne se vend pas*).

Un Envoûtement en Gévaudan, en l'année 1347.

In-12, Catélan, Nimes, 1892. — Prix............ 2 fr. »

Le Tribunal révolutionnaire de la Lozère, en 1793.

In-8°, 1893, Paris, Arthur Rousseau. — Prix.... 2 fr. »

De l'Enseignement professionnel, sujet traité à la bibliothèque populaire communale de Vauvert.

In-8°, Martin, Alais, 1894.